delfín pulpo pez cou ar

aguas cangrejo concha boca ojos agua

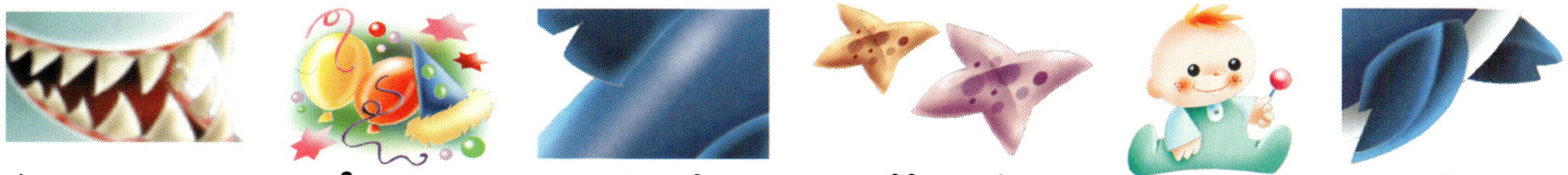

dientes fiesta piel estrellas de mar niño aletas

tortuga patas tiburón dientes foca cabeza

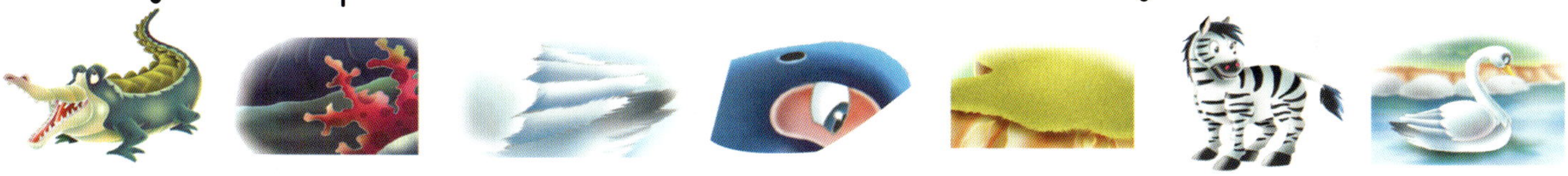

cocodrilo mar plumaje cabeza tierra cebra lagos

ballenato boca ojo volar río pollito

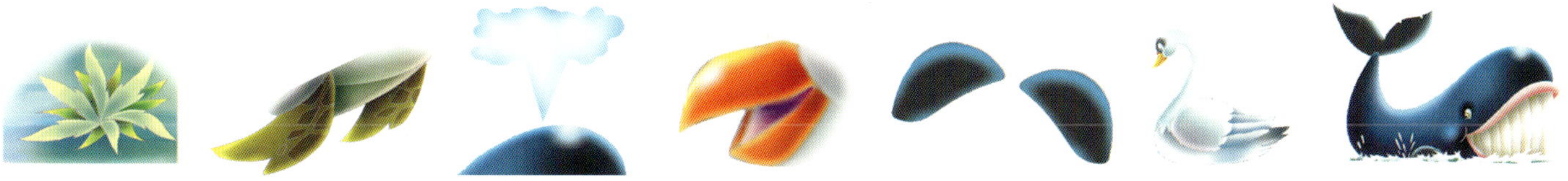

plantas aletas respirar pico alas cisne ballena

Campezo, 13 - 28022 Madrid
Tel.: 91 3009100 - Fax: 91 3009118
www.susaeta.com
Impreso y encuadernado en España

LOS ANIMALES

Ilustrado por Javier Inaraja

LEO y VEO

susaeta

EL DELFÍN

Los  vivimos en  cálidas.

Nuestra  es suave y brillante.

Tenemos una  y unas  anchas

que nos permiten nadar a gran

velocidad. Y en lo alto de la 

poseemos un agujero llamado

respiradero. Comemos , ... Nos

encanta dar saltos fuera del .

LA TORTUGA

Las  tenemos una  dura que nos sirve de casa. Nuestra piel es gruesa y tenemos escamas en la  y en las . No necesitamos 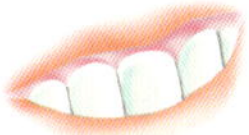 pues mordemos con nuestros labios duros.

Cuando tenemos hambre, sacamos la 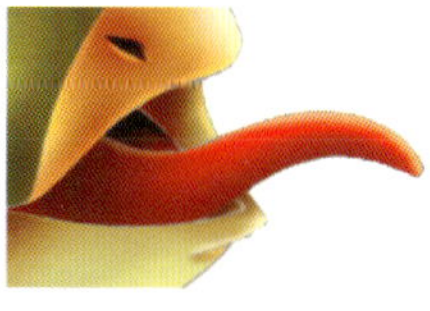 roja que atrae a los   creyendo que es un gusano y... ¡a comer!

EL TIBURÓN

Soy un  blanco y vivo en el 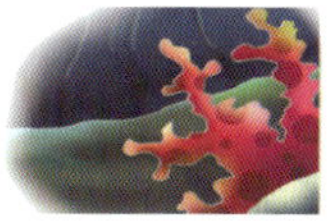 igual que los , las , los ... En el hocico tengo unos agujeritos que detectan la sangre. Soy muy temido. Cuando abro la  todos se alejan porque mis  son muy afilados. Como de todo, aunque mi comida favorita son las .

EL COCODRILO

Los  tenemos los orificios nasales y los  en la parte superior para poder respirar y ver cuando estamos bajo el  y así poder atacar por sorpresa a las  cuando se acercan a beber agua al 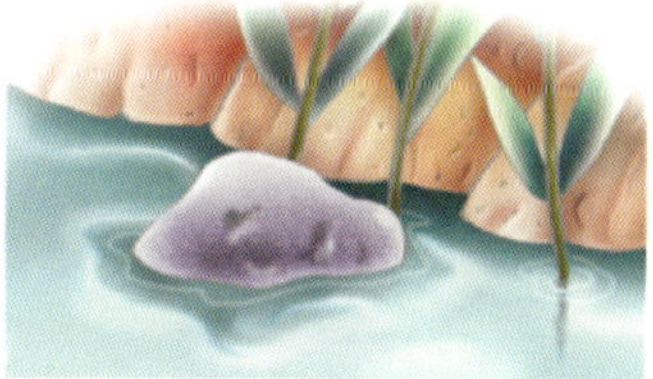. Tenemos una 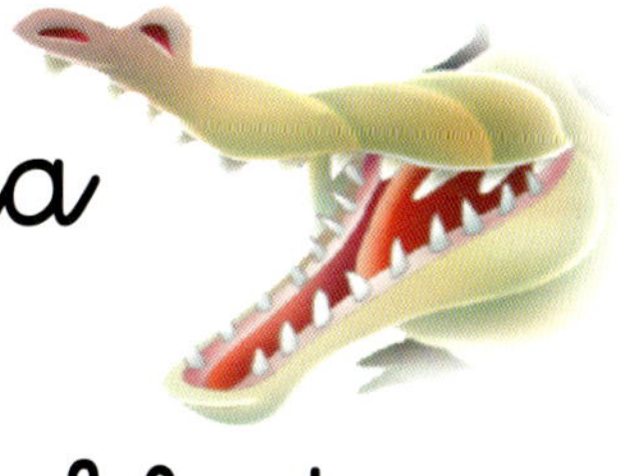 muy grande y dientes muy afilados.

EL PINGÜINO

¡No voy a ninguna  ! Es que soy así de elegante. Me encantan los  y cuando veo uno me acerco a saludarle. Vivo en el 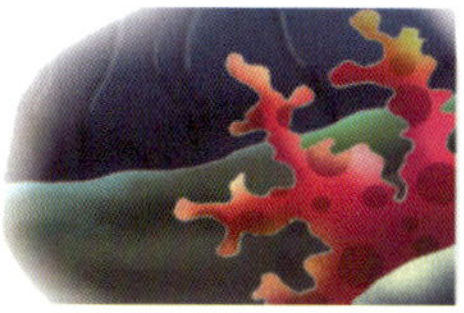 y en la 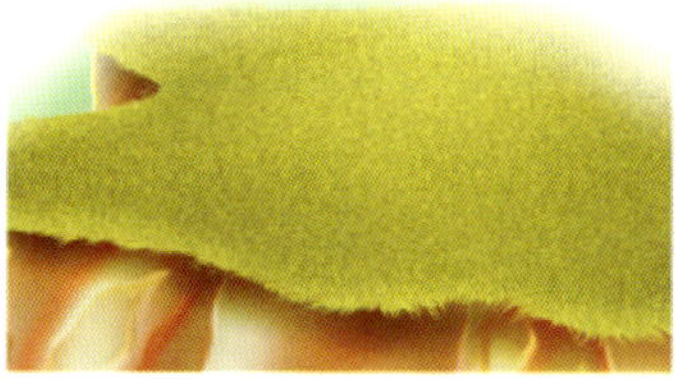 y no sé volar. Mi  es grande y puntiagudo. Mis 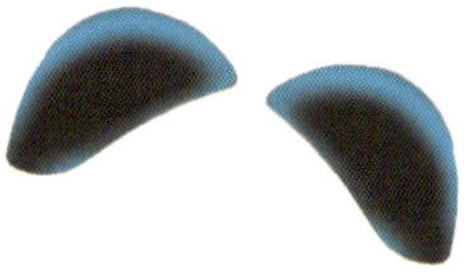 actúan como aletas y mis  cortas como un timón.

EL CISNE

¿Te gusta mi familia? Aunque no te lo parezca, soy un  de cisne. Sí, mi papá y mi mamá son . Los pollos de cisne durante el primer año, hasta que no nos crece el  de adultos, somos un poco feíllos. Vivimos en  y comemos . Nadamos y  muy bien.

LA BALLENA

Soy una  y aunque vivo en el mar no soy un : soy un mamífero marino. Tengo una  muy grande y unos  muy pequeñitos. Me gusta nadar bajo el  pero tengo que salir a la superficie para poder . A los hijos de las  se les llama .

delfín pulpo pez cola lengua calamar

aguas cangrejo concha boca ojos agua

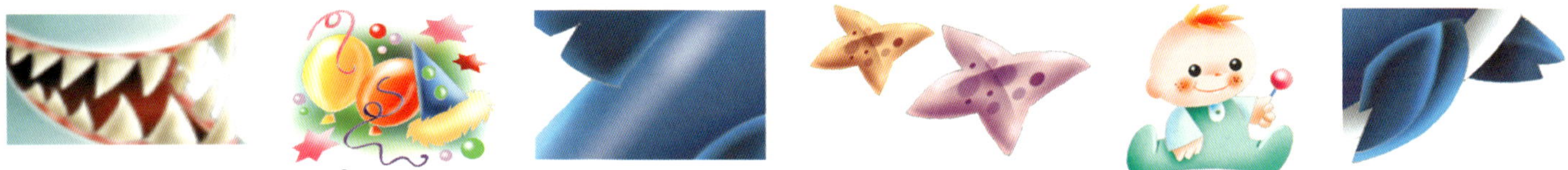

dientes fiesta piel estrellas de mar niño aletas

tortuga patas tiburón dientes foca cabeza

cocodrilo mar plumaje cabeza tierra cebra lagos

ballenato boca ojo volar río pollito

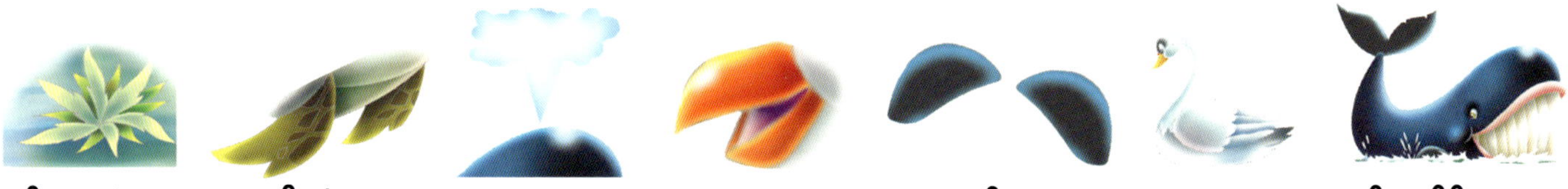

plantas aletas respirar pico alas cisne ballena